HISTOIRE

DES SAINTES PRINCESSES

MAURE ET BRIGIDE

Martyriſées à Balagny, & tranſ-
portées à Nogent les Vierges
en Beauvaiſis.

*Extraite des Anciens Breviaires de Beau-
vais, & des Antiquités dudit lieu ; &
des vieux Regiſtres de Saint Evremont
de Creil ſur Oyſe, & de Sainte Maure
en Touraine.*
Seconde Edition revûë & augmentée.

A BEAUVAIS,

Chés MICHEL COURTOIS Imprimeur
de Son Eminence.

—————————

M. DC. II.
Avec Approbation & Permiſſion.

Approbations des Docteurs.

LE souffigné Docteur en Theologie de la Faculté de Paris, & Profeffeur d'icelle au College des Bernardins, certifie avoir lû & examiné un livre intitulé *l'Hiftoire des faintes Princeffes Maure & Brigide &c.* dans lequel je n'ay rien trouvé de contraire à nôtre fainte foy ny aux bonnes mœurs. En foy de quoy j'ay figné la prefente. Fait à Paris le 4 Mars 1644.

F. JOSEPH ARNOLFINI.

LE souffigné Prêtre Docteur en la facrée Theologie de la Faculté de Paris, & compagnie de Sorbonne, Confeiller & Aumônier fervant ordinaire du Roy, Abbé de Saint Crêpin de Soiffons, certifie à tous ceux qu'il appartiendra avoir lû & examiné par l'ordre de ladite Faculté un livre intitulé *l'Hiftoire des Saintes Princeffes Maure & Brigide &c.* dans lequel je n'ay rien trouvé de contraire à la Foy Catholique, Apoftolique & Romaine, ny aux bonnes mœurs, en foy de quoy j'ay

Sgné le preſent acte ce 2 jour de Mars 1644.

DE LESSEVILLE.

J'Ay vû le livre intitulé *l'Hiſtoire des Saintes Princeſſes Maure & Brigide* martyriſées à Balagny.

MOREL.

HISTOIRE

DES SAINTES PRINCESSES

MAURE ET BRIGIDE

MARTYRISE'ES A BALAGNY,

ET transportées à Nogent les Vierges en Beauvaisis.

CE fut au sixiéme siécle de la naissance du Sauveur, qu'Ella Prince Anglois Saxon Roy d'Escosse & de Northumbre, eut d'un même accouchement de sa femme Pantilemone deux belles filles, qui dés leur naissance commencerent visiblement à délivrer de la famine, & des maladies contagieuses qui accompagnent ordinairement les habitans de toute l'Isle. Prodige qui fut suivi de plusieurs autres, autant & plus memorables. L'une de ces deux sœurs

jumelles, qu'on nomma Maure, par-
la d'une voix articulée quand on la
baptifoit, & s'écria, Ma mere vit,
ce qui ne pouvoit s'expliquer que
d'une vie eternelle, veu que la Reine
Pantilemone étoit morte en accou-
chant de ces Princeffes. L'autre ap-
pellée Brigide ayant été retirée des
fonds, & revêtuë des habits blancs,
parut environée d'un beau rayon
fort éclatant, avec lequel elle fem-
bloit fe joüer de ces petites mains.
Quelle joye ne reffentirent pas ceux
qui furent prefent à ces fpectacles, &
quelle haute opinion ne conçeurent-
ils deflors de ces miraculeufes filles?
On commence leur éducation avec
toute forte de foin & de refpect. Le
Roy leur fait donner deux nourrices;
mais le Ciel montra clairement qu'u-
ne feule leur fuffiroit, car celle de
Brigide perdit incontinent fon laict,
& la nourrice même de Maure n'en
pouvant fournir que d'une mammelle,
les alaita toutes deux parfaitement.

Que de merveilles en peu de temps.
Comme elles commencerent à croî-
tre, leur pere les fit élever en la vertu dans le château d'Edimbourg,
principale ville d'Escosse, & qui depuis a été nommée le château des
Pucelles, si bien qu'étant arrivées à
l'âge de treize ans, & voyant que
déja quantité de personnes menoient
une vie fort Chrétienne, elles se don-
nerent entierement à Dieu, & s'o-
bligerent par vœux de le servir uni-
quement, avec un mépris genereux
de tous les délices & grandeurs de
la terre. Vous eussiés dit que les
Evangeliques Magdeleine & Marthe
étoient resuscitées en leurs personnes. Les exercices de Maure étoient
le jeûne, le cilice, les oraisons & la
hantise des lieux saints : Brigide va-
quoit aux aumônes, & autres œuvres
de charité envers le prochain, &
toutes deux poussées d'une loüable
émulation tâchoient de se surmon-
ter l'une l'autre en la perfection de

leur employ. Celle-là redoubloit de jour en jour ses devotions & ses austerités : celle-cy n'avoit des mains que pour servir les pauvres, & les mettre à couvert de toutes les incommodités. Leurs exercices sont differens, mais elles ne brûlent que d'un même desir de plaire à Jesus seul, qui possede toutes leurs affections.

Pendant que ces jeunes Princesses sont en de si saintes occupations, leur Pere ayant dessein de les marier, les appelle, & leur tint un tel langage. *Mes filles, il est temps de vous trouver party, vôtre âge exige ce soin-là de moy, & mon contentement m'y oblige, j'estimerois mon bonheur bien imparfait sans cela, & je croirois n'être pas grand Roy, si je n'étois aussi par vôtre moyen un jour grand pere.* Elles écouterent ces paroles avec respect, mais non pas avec approbation. Maure luy fit connoître son dessein la premiere, & luy dit ; Nôtre inten-

tion a toûjours été, mon tres-hono-
ré Seigneur & Pere, que vous ayés
contentement de nous, mais de telle
façon néanmoins que Dieu agrée nôtre condition & nos déportemens.
Nous nous sommes obligées de n'a-
voir autre époux que luy, & par
ainsi nous ne pouvons vous obeïr
sans luy déplaire. *Est-ce tout de bon que
vous parlés* repart le Pere, *avés-vous
resolu de ne vous pas marier ?* Ouy
replique Maure, & si je disois autrement je trahirois ma conscience. J'ai
fait vœu de chasteté, & je ne puis
sans perdre Dieu me donner à un
homme. Le Roy tout attristé la quit-
ta là & se tournant vers sa sœur luy
dit : *Et vous Brigide quelle resolution
avés-vous prise ?* La même, repond-
elle, & comme nous n'avons qu'une
même naissance, nous n'avons qu'un
même dessein : nôtre époux est &
sera Jesus-Christ, puis qu'il a formé
nos corps & nos cœurs, il les aura
luy seul tous deux. Ces réponses bles-

ſerent tellement l'eſprit du Prince
qu'il ne voulut plus les ouyr, & les
ayant fait retirer de ſa preſence il ſe
mit à penſer ce qu'il en ordonneroit.
Aprés s'être bien tourmenté par de
differentes penſées, ſa réſolution fut
enfin de les marier malgré-elles, &
dés l'heure il arrêta en ſon ame ceux
qu'il leur deſtinoit pour maris, deter-
minant même le jour & le lieu de
leurs nôces. Ce deſſein fut formé
dans peu de temps, mais auſſi fut-il
bientôt reduit en fumée. Car le grand
Dieu qui doit lier les vrais mariages
n'ayant été appellé au conſeil d'Ella
trop temeraire, permit que la mort
luy tranchât promtement le filet de ſa
vie & quant & quant la toile de cette
alliance qu'il avoit commencé d'our-
dir. Voila donc nos deux Vierges laiſ-
ſées en plus grande liberté dans leur
entrepriſe toute ſainte; néanmoins elles ſe trouvent encore ſaiſies d'une
nouvelle peur, attendu qu'Hiſpade,
autrement Eſpain, leur frere aîné ne

voulant pas pour quelque indifpofition
de corps fucceder au fceptre de leur
Pere, elles craignent que fi elles entre-
prennent le gouvernement d'un grand
Etat, plufieurs Princes n'ayent quelque
forte d'occafion de les rechercher en
mariage , & de croire que des filles
ne veulent pas porter feules une courone fi pefante. Pour fe delivrer de
cette inquietude , tous trois fe deli-
berent d'aller en pelerinage à Rome
& en Jerufalem, & de paffer le refte
de leur vie en vifitant les plus faints
lieux qu'ils fçauront être fur la terre.
Exemple qui doit donner de la con-
fufion à tant d'ames qui fe relâchent
du fervice de Dieu , & quittent les
promeffes qu'ils luy ont fait , auffi-
tôt qu'un petit vent de profperité les
porte dans le bien ou dans les charges.

    Voicy donc cette Triade vraye-
ment Royale de naiffance & de
mœurs , qui part de fon Palais d'E-
dimbourg à la faveur de la nuit avec
un petit équipage, & pour fortir bien-

tôt d'Escoffe, se rend à grand pas au premier port d'un petit trajet qu'il falloit passer avant que de gaigner la pleine mer Britanique pour arriver en France. Le Pilote se fait attendre, & cependant on se loge sans se faire connoître chés une bonne Veuve, dont le fils étoit fort vicieux, & en voicy la preuve. Cettui-cy n'a pas si-tôt vû Maure en face, qu'il est épris de sa beauté, & brûlant d'un amour impudique, remarque le lieu où elle devoit passer la nuit afin de la sur-prendre. La Vierge s'aperçoit de ce mauvais dessein, sans en dire mot à Brigide, & ayant fait ses prieres à Dieu avec plus de ferveur & d'atten-tion que jamais, elle se retire & se couche avec sa sœur dessus un peu de paille. Comme ce jeune débauché se fut persuadé qu'elles dormoient, il approche : mais Maure qui passoit la nuit en oraison s'écrie, qui vous mene malheureux ? à qui en voulés-vous ? pour qui nous prenés-vous ?

Jesus est nôtre Maître. Retirés-vous.
Cét insolent demeure tout confus &
comme hors de soy. Cependant la
genereuse Maure comme un beau lis
ouvre son cœur au Roy des Anges,
& continuë de luy faire une telle demande. *Seigneur, qui êtes la méme*
pureté, & qui tenés entre vos mains
le salut des hommes, si j'étois si heu-
reuse que d'avoir gagné vôtre amour
par une correspondance entiere à vos
desseins, je vous supplierois qu'en
cette consideration, il vous plaise
nous garantir du deshonneur, où
nous veut jetter ce miserable, & que
par une grace contraire à sa folie,
vous luy fassiés aimer la vertu, mê-
me qu'il veut avec tant de passion
ruiner en nous. Cette priere eut son
effet, car aussi-tôt cét impudent é-
teignit son feu dedans ses larmes, eut
le pardon qu'il demanda de ces deux
Vierges, & le don de la pureté qu'il
ne demandoit pas. Sa mere reconnoissant l'honnêtêté & la vertu de

ces deux jeunes filles, leur en fit force remerciemens, & leur offrit à leur départ force prefens, qu'elles n'accepterent pas, ayant quitté de plus grandes richeffes pour n'afpirer qu'aprés celles du Ciel. Toute cette procedure devoit donner bien du tourment aux démons qui ne pouvoient par artifice quelconque avoir prife fur la pudicité de ces Princeffes, & qui voyoient que leurs embuches & tentations ne fervoient qu'à faire éclater davantage le beau luftre de leur chafteté : Voicy un autre combat qu'ils leur livrent de nouveau, peu different de celuy que nous venons de déduire, & dont auffi la victoire fe verra toute femblable.

Aprés avoir paffé le trajet, elles entrerent dans une bourgade, où la premiere action qu'elles firent fut de fe mettre à genoux devant la porte de l'Eglife, & felon leur coûtume employer quelque tems en prieres,

Un homme du lieu les ayant apper-
çûës, s'avance, & voyant qu'il se faisoit nuit, leur offre son logis, non
point par un pieux motif de charité,
mais à dessein de les séduire : Elles y
entrent innocemment, reçoivent ce
petit souper qu'on leur donne, &
puis se laissent mener à la bonne foy
en une chambre separée quelque peu
de celle de leur frere Hispade qui
les accompagnoit. Lorsque cét hôte
brutal crut que toute sa famille dor-
moit, il approche d'une fenêtre qui
avoit son aspect sur le lit de ces filles, étudie leur contenance, & les
voit toutes deux dans un profond
sommeil causé par le travail de leur
voyage, mais il apperçoit à leur côté
un jeune homme, ou pour mieux dire
leur Ange Tutelaire, qui d'une main
tenoit une lampe ardente, & de l'autre un encensoir rempli de feu, vrais
simboles de leurs cœurs brûlans des
seules flammes du saint amour, & qui
rendoient par tout une odeur agrea-

ble de leur pudicité. Cecy met bien
en peine l'execrable Bourgeois dans
l'apprehension qu'il a de perdre sa
proye, s'imaginant que c'est le Prêtre
de son bourg qui est venu visiter ces
saintes étrangeres. La passion le sollicite, la honte l'empêche d'entrer, il
sent son esprit agité de differentes
pensées, & son cœur de mouvemens
contraires; c'est un vaisseau combatu des vents du Nort & du Midy, il
veut & ne veut pas; si la sensualité
le pousse, la crainte le retire : mais
enfin surmonté par son appetit char-
nel, & troublé de ce qu'il ne pouvoit facilement avoir la satisfaction
dereglée qu'il prétendoit, il change
son amour en haine, se resolvant,
enragé qu'il est, de brûler la chambre & les trois personnes qu'il y a
remarqué. En effet il met le feu dedans, qui tout incontinent embrase
ce qu'il rencontre. L'incendie qui se
prend aux meubles & aux planchers
fait un éclat qui éveille sa famille. On
se

fe léve, on accourt à ce bruit, on crie au feu, & quelque eau qu'on apporte, l'on ne peut empêcher que la chambre ne foit entierement brûlée. Mais on y trouve au milieu les faintes Vierges que la flame avoit refpectées, qui peignoient leur chevelure auffi entiere que celle des jeunes Princes Hebreux, qui furent autre-fois jettés dans la fournaife de Babylone. Que ne fait pas la Divine bonté pour des ames qui aiment la vertu ? L'incendiaire demeure bien étonné, quand il s'apperçoit qu'au lieu de s'être vangé de ces deux fœurs par un puiffant moyen comme il s'étoit perfuadé bien follement, il les avoit renduës plus glorieufes, en les faifant connoître à tout un peuple dans le beau triomphe qu'elles emportent de la violence du feu. Chacun publie hautement la fainteté de ces veritables Salemandres ; l'hôte même revient à foy, fe reprefente l'horreur de fon peché, reconnoît la

B

main toute puissante & vangeresse du
grand Dieu , se jette aux pieds de
ces deux filles, pleurant son crime,
leur demande pardon , & pour vraye
marque de repentance se roule sur les
charbons, voulant par leur chaleur
châtier celle qu'il avoit injustement
conçûë & fomentée dans son cœur.
Ces Princesses étonnées d'un si grand
excés de douleur, en demandent le
sujet à cét homme repenti , qui par
le recit qu'il leur fait les larmes à
l'œil de tout ce qui s'étoit passé , les
porte à redoubler en toute humilité
les actions de graces envers la Divinité, qui les a protegées si favorable-
ment, & qui prodigue même ses miracles jusques sur les plus scelerats.
Luy cependant se voit une heure entiere sur les charbons encore ardents
sans incommodité, le feu n'osant pas
même faire sentir sa flamme au plus
petit filet de ses habits. Je vous laisse
à penser s'il ne detestoit pas de plus
en plus son horrible attentat , & si

par les prieres de celles qu'il avoit
voulu perdre il ne fut pas remis au
chemin de salut. Il faut avoüer que
tant de merveilles sont bien capables
d'arrêter les esprits de Maure & de Brigide , mais elles n'en sont pas tellement ravies , qu'elles ne pensent à
leur frere Hispade , & qu'elles n'entrent en apprehension que les flammes ayent enveloppé sa chambre &
sa personne. Toutefois les voila bientôt consolées , car elles l'apperçoivét
parmy tout ce peuple qui avoit ac-
couru au miracle, & sont assurées que
l'embrasement arrivé ne luy a fait aucun dommage. Ce ne sont ensuite
qu'applaudissemens, & que loüanges
qu'un chacun leur donne, ce ne sont
que témoignages du desir qu'on a
qu'elles sejournent en cette Bourgade, où les benedictions & assistances
de la Divine main sont si fort dans
l'éclat, si est-ce que ces honneurs &
ces caresses ne sont pas au goût de
leur solide humilité, & tous ces plus

aimables entretiens ne font qu'une fumée qui chaffe nos trés-chaftes colombes.

Les voila donc qui partent d'Ef-coffe, s'embarquent fur la mer, & arrivent heureufement en France, où ils font refolution de pourfuivre leur faint pelerinage fi le Ciel le permet ; elles courent plûtôt qu'elles ne marchent, elles fe font des aîles de ce qui femble devoir être des liens, & fans avoir égard à leur Royalle naiffance, ny à la délicateffe de leur temperament , elles vont avec leur frere jufqu'à Rome nuds pieds, & le cilice fur le dos. Plût à Dieu que le tems ne nous eut pas derobé la fuite de ce qui s'eft paffé durant tout le chemin qu'elles ont fait en traverfant la France & l'Italie ! je m'affure que toutes leurs journées ont été plus brillantes des beaux rayons de leurs vertus , & de leurs heroïques actions que des lumieres du Soleil. C'étoit autant d'Aftres nouveaux qui faifoiët reſſentir leurs influences favorables ſur tous les lieux de leur paſſage. C'étoient des fontaines de baume qui rempliſſoient les villes & les bourgades de la douce odeur de leur ſainteté. C'étoient des Anges incarnés qui renvoyoient les démons dans leurs abymes, chaſſoient les maladies des corps humains, & la mort même des tombeaux. Quel bonheur nous ſeroit-ce ſi nous pouvions les ſuivre pas à pas ? Que nous découvririons de grands tréſors ſi nous rencontrions dans les Archives d'une Egliſe, ou dans les Manuſcrits d'une Bibliotheque la continuation entiere de tout ce ſaint voyage! Mais puiſque c'eſt un malheur commun aux plus belles Hiſtoire, & que les vies & les faits des plus grands Heros de tous les ſiécles ſouffrent un défaut pareil ; contentons-nous de ces petits memoires qui ſont tombés entre nos mains, & faiſons que l'affliction que nous ſentons en perdant de vûë ces deux Princeſſes

dans l'étenduë d'un long païs soit ef-
facée par la rencontre que nous en
allons faire dans la plus sainte Cité
du monde.

Comme elles sont arrivées à Rome
avec leur frere, elles sont reçûës dans
la maison d'Ursicin, où d'abord elles
payerent bien leur hôte, car cettuy-
cy étant possedé du malin esprit depuis quelque têms, & tourmenté gran-
dement par intervalles, en fut bientôt
délivré par les prieres d'Hispade & de
ces deux Vierges. Et l'on peut dire
que les couleuvres ne fuyent pas si
promtement l'ombre du fresne, que
les démons s'effrayent par tout à la
vûë de nos Princesses, qui par un surcroît de leur bonté & de leur credit
auprés du Tout-puissant, firent en sorte que l'ame de ce jeune homme se
sentit éclairée des lumieres de la vraie
foy à même têms que l'esprit de tenebres fut chassé de son corps. Ce qui
luy donna tant de joye, que ses res-
sentimens en éclatoient extremement

à l'endroit de ces divines filles, à qui pour marque des obligations qu'il leur croit avoir, il protefte de vouloir les fuivre deformais en quelque contrée qu'elles aillent & fans délay, fe confacre à leur fervice. Vray eft que ces fages fœurs le remercient de fes offres, & pour le diffuader d'une telle entreprife, fe fervent de toutes les raifons que la prudence leur puiffe fuggerer, mais elles ne fçauroient pas empêcher qu'il ne mette en effet ce qu'il vient de réfoudre. Elles paffent deux ou trois années dans toutes fortes d'exercices de pieté en cette ville empourprée du fang des Apôtres, & de tant de Martyrs ; néanmoins cette longueur de tèms ne peut le refroidir en fon deffein. Aucôtraire ces ferventes dévotions qui les portent aux lieux les plus faints pour y recevoir les Sacremens de vie, & fe rendre favorables tous les Bienheureux Efprits dont elles honorent les Cendres, ces aufterités continuelles dont elles mattent leurs corps, & ces offices de charité qu'elles rendent en toute humilité, zele, patience & generosité aux malades & necessiteux qu'elles rencontrent dans les Hôpitaux, leur plus ordinaire secours, luy augmentent d'heure en heure les ardens & trés-chastes désirs qu'il a de ne point perdre de vûë ces deux incomparables modelles de toute sainteté. Sa probité, sa pureté, sa constance, & ses autres vertus venuës à la connoissance d'Hispade leur bon frere, lequel ayant égard à toutes ces loüables qualités, contracta bientôt une amitié spirituelle avec luy, & fait agréer sa compagnie fort exemplaire à ses sœurs.

L'approbation d'une personne qui leur est si proche, si chere & si fidéle, leur donne de grandes sûretés, & se résolvant ensuite de continuer leur voyage avec cét Ursicin, elles partent pour Jérusalem, & s'étant mises sur mer elles y arrivent heureusement dans peu de tems. Or si dans Rome

ce leur fut une confolation bien fen-
fible, de cónoître qu'elles ne faifoient
prefque aucun pas, qu'elles ne mar-
chaffent fur les cendres des Martyrs,
de quelle joye ne font-elles pas ici
émûës, & de quelles faintes ardeurs
ne font-elles pas embrafées quand elles fe réprefentent qu'elles foulent
aux pieds la terre abbreuvée du fang
même du Roy de tous les Martyrs?
A quelles extafes d'amour divin ne fe
laiffent-elles pas tranfporter, quand
elles fe fouviennent que là où fe voit
le Calvaire, là leur doux JESUS eft
mort pour leur donner la vie, & qu'en
la grotte qu'elles rencontrent ce même Rédempteur a trouvé fon tombeau? Si jamais les foûfrances du Sauveur ont fait de vives impreffions
dans leur ame, c'eft à préfent que le
lieu leur en donne une trés forte idée:
& me femble que les tendreffes de
compaffion qu'elles reffentét au cœur
enfuite de l'imagination & du fouve-
nir des exceffives douleurs d'un Jefus

Crucifié les portent à des soupirs extraordinaires, & à de telles plaintes.
Ah charité de mon Redempteur, le
seul époux de mon ame, il ne vous
étoit pas necessaire d'assujettir à des
peines extrémes un Dieu qui n'est
point autre que l'innocence même,
& qui a tiré de son sein toutes les beau-
tés & les douceurs qui rendent agréables l'Univers. Quel nom vous pour-
ray-je donner sinon d'impitoyable,
puisque vous n'avés pas laissé veine
quelconque dans l'humanité toute ai-
mable de ce débonnaire Prince, dont
vous n'ayés comme puisé jusqu'à la
derniere goute d'un sang, que toutes
les richesses de la terre & des Cieux
ne sçauroiët bien payer ? Deviés-vous
engager dans un Ocean d'amertume
le Pere de nos joyes, & plonger entierement dedans l'absynthe celui qui
de la manne de ses faveurs continuelles s'étudie de dissiper tout le fiel qui
offense nos cœurs ? Je ne puis songer
à ces cordages, à ces risées, à ces

foüets, à ses flagellations, à ces dé-
chiremens, à ce bois tant infame, &
à toutes ces cruautés qui se font exer-
cées à l'encontre de mon bon Maître,
que je ne répresente mes griefs à l'u-
nivers, & ne vous accuse d'avoir commis un excés de severité tout à fait in-
supportable. Toutefois si je prens garde aux fruits que nous en recueillons,
je ne dois pas me plaindre, puisque, ô
Charité trés-adorable ! au moment
que vous le rendés prisonier & luy liés
les mains, vous commencés à me délivrer de la cadene, & à me retirer de
l'esclavage de Satan ; à l'heure que
vous permettés que son corps ruissele
de son sang, vous m'en faites un baume pour guérir mes ulcéres, & pendant que vous luy chargés son sacré
chef d'épines effroyables, vous m'ac-
querés là haut une courone de gloire.
Soyés donc honorée à jamais, Charité toute Divine, quoy que vous sem-
bliés cruelle d'abord : car si vous éle-
vés mon Redempteur dessus un mont

infame, c'eſt pour nous faire monter
deſſus les Aſtres, ſi vous l'étendés ſur
une croix ſanglante, c'eſt pour nous
en faire un chariot de triomphe : ſi
vous luy ouvrés les pieds, les mains,
& le côté, c'eſt pour le conſacrer entierement à nos uſages. Que n'étois-je
au pied de la Croix mon ſeul arbre de
vie , quand mon Sauveur baiſſoit la
tête pour me donner ſon baiſer de
paix, quand il étendoit ſes bras pour
m'embraſſer , & quand il ouvroit ſon
côté pour me donner ſon cœur ! Je
voudrois avoir été ce fer de lance qui
le premier y eſt entré, & voudrois que
le mien eût été ſon ſépulchre pour en
avoir l'entiere poſſeſſion. Ainſi s'en-
tretenoit la contemplative Maure, &
je veux croire que ſa ſœur Brigide,
Hiſpade, & Urſicin ſe trouvoient dans
de ſemblables ſentimens en ces lieux
où les principaux myſteres de nôtre
Rédemption ſe ſont paſſés. Sans men-
tir ces deux Princeſſes, nommement
ont le cœur embraſé d'un nouveau

désir de rencontrer des cloux & , des
croix pareilles à la vôtre , mon Sauveur , afin de fermer toute leur vie au
même endroit que vous. O qu'elles se
tiendroient heureuses si vous leur pré-
sentiés l'occasion de sceller de leur
propre sang la promesse qu'elles ont
faite de n'avoir jamais d'autres amours
que pour vous plaire , ny d'autres
cœurs que pour vous aimer. Mais vous
voulés qu'elles vous rendent encore
de plus longues preuves de leur fidelité, & par de nouveaux mouvemens de
vôtre grace vous les poussés ailleurs.

Pour obéïr donc à ces Divines
inspirations , elles se disposent à re-
passer en Europe , prennent la mer
au premier port , font voile jusqu'en
Sicile, & comme elles minutent d'entrer au Golfe de Venise , pour delà
voyager dans les Allemagnes , les
voilà qui dans peu de jourrs & plus
poussées par le souffle de l'Esprit
Saint, que par un vent d'Orient ou
du Midy , viennent surgir heureuse-

ment à nôtre Marſeille de Provence.
Qui pourroît déduire en peu de paroles les ſenſibles dévotions qu'elles
firent paroître aux lieux les plus celebres en ſainteté qui ſoient en ce
quartier ? Avec quelle pitié, reſpect
& affection ne baiſerent-elles pas pluſieurs fois ces roches honorées de la
demeure & des larmes de trente ans
de l'incomparable Madeleine ? Avec
combien de ſacrés mouvemens ne
viſiterent-elles pas cette renommée
Iſle de Lerins, où tant d'illuſtres per-
ſonnages en ſainteté avoient déja
paſſé leur vie ? Elles ne pouvoient
ſe laſſer de conſiderer toutes ces petites cellules qui avoient arrêté longues années des hommes eſtimés a-
vec ſujet les lumieres de leur ſiecle
en ſçavoir, & en toute ſorte de vertus heroïques dans un parfait mépris
du monde. Elles eurent le contentement un jour de traiter familierement
avec Ceſarius Evêque d'Arles, & puis
avec un nommé Gilles Abbé en Lan-

guedoc grand serviteur de Dieu, qui reconnoissant leur singuliere affection à se porter aux endroits les plus celebres alors pour le nombre des Martyrs qui y avoient arrousé la terre de leur sang leur côseillerent de passer par Vienne, Lyon, Clermont, Limoges, Angers, Tours, Chartres, Paris, Beauvais, & puis si leur dessein n'est pas de retourner en Angleterre, traverser les Pays-Bas, & s'informer auprés du Rhin des lieux qui passent pour les plus saints en toute l'Allemagne. Cét avis est reçû bien joyeusement de ces braves courages, qui ne cherchoient que d'employer la vie dans les fatigues, & dans les contrées qui leur fournissoient les plus vives images de la vertu. Et comme le Ciel permettoit que specialement aux tombeaux des plus illustres Chrétiens, on fût touché plus vivement des atteintes du divin amour : aussi ces bonnes filles s'estimoient trèsheureuses quand elles en pouvoient approcher. Tous chemins leur étoient indifferents, les plus aspres difficultés du voyage s'adoucissant par cette sacrée ardeur qui les soulageoit, & faisoit que la nudité des pieds, la dureté des sentiers, la necessité des vivres, & les autres incommodités n'avoient assés de force pour arrêter le cours de leur pelerinage. Aussi étoient-elles protegées visiblement de la main favorable du Tout-puissant, qui ne souffroit que ses fidéles servantes ny leurs associés fussent par aucun accident refroidis en la poursuite des entreprises qui étoient à sa gloire.

Bien est vray qu'Ursicin ce jeune homme qu'elles ont cy-devant délivré du malin esprit, vient à tomber par les chemins si rudement du haut d'un pont sur des cailloux qui étoient au bord d'une riviere, qu'il se rompt les jambes. Ce qui donne beaucoup d'étonnement & de déplaisir au reste de sa compagnie. Mais ces deux sœurs

&

& leur bon frere Hifpade y étant dé-
cendus promtement pour le fecourir
autant qu'il leur eft poffible, Maure
la premiere prend le linge qu'elle a-
voit fur fa tête, en fait une bande, &
pour un premier appareil luy lie l'endroit de la rupture. Il n'eft befoin d'autres bandages, ny d'autres medica-
mens, attendu que le feul attonche-
ment de cette fille le guérit, & le re-
met en état de marchet auffi ferme-
ment que jamais il ait fait. Il eft aifé
de comprendre comme cette merveille porte Urficin à des remerciemens trés-juftes envers l'auteur de fa
guérifon miraculeufe, & à des refpects
extraordinaires à l'endroit de cette
Vierge dont le Créateur fe fert comme d'organe pour de fi rares effets.
Tous enfemble dans une nouvelle
gaïeté continuënt leur chemin, & cô-
me il fe fait nuit, arrivent en une bourgade affés commode pour prendre a-
vec toute fobrieté ce repas qu'ils n'ont
accoûtumé de faire qu'une fois la jour-

C

née. A peine font-ils à table qu'ils en-
tendent crier une petite fille d'une fi
étrange façon, qu'elle donnoit à connoître qu'elle avoit l'efprit bien troublé. Brigide fe leve promtement, &
l'ayant apperçûë auprés du feu qui fe
chauffoit, luy préfente du pain & quelque peu de fromage pour l'appaifer.
La fille y veut porter la main, mais ne
rencontrant rien de ce qu'on lui dóne
elle déclare affés qu'elle eft aveugle.
Brigide émûë de compaffion, embraf-
fe cette petite créature, & pleurant
prefque deffus elle, colle fa bouche
contre fon vifage. O que ces tendreffes ont de force, & que ce qui ne paroît que foibleffe, eft puiffant ! auffi-
tôt l'enfant s'écrie, ma mere je vois
clair ; cette mere qui s'appelloit Polyxene, accourt toute hors de foy, elle
effuye les yeux de fa fille qui fembloiët
être fort trempés, elle reconnoît la
verité de fon cry, elle eft ravie fans
fçavoir neanmoins d'où provient ce
miracle, elle s'acquitte de fon devoir,

loüant d'abord de tout son cœur la divine bonté d'avoir délivré sa fille unique d'un mal aussi sensible que la mort vû qu'elle ne pouvoit en cet aveuglement joüir des vrais douceurs de cette vie. Et puis par une raisonnable curiosité, se tournant vers ces bons pelerins, les conjure de l'instruire en cette affaire, & de ne luy celer pas les moyens dont Dieu s'étoit servi pour rendre la vûë à sa fille, n'étant que trop juste, si cela venoit d'eux, de reconnoître une faveur tant signalée par quelque bon service. Chere hôtesse, dit lors Brigide, ne vous mettés point en peine de cela, Dieu se sert quelquefois de ses moindres créatures pour faire des prodiges, c'est à luy seul à qui vous en devés l'honneur, benisse-le. La mere ne fut pas longtemps sur ces enquêtes ! car la petite fille donnoit mille benedictions à Brigide, luy disant sans cesse : C'est à vous à qui je dois ma vûë, je l'ay recouvrée aussi-tôt que vôtre main & vôtre haleine

ont touché mes yeux, je les ai clair
voyants, & vous en remercie de tout
mon cœur. Polyxene tranſportée d'u-
ne joyeuſe admiration appelle ſes voi-
ſines & leur dit : Voici des Anges qui
ont logés chés moy, ou ſi ce ſont vrais
hommes, ils ont le bras & le pouvoir
de Dieu. Vous ſçavés que ma fille étoit
aveugle dés ſa naiſſance, elle voit à
préſent par leur moyen. Voyés-la,
examinés-la, ce n'eſt ny fourbe ny en-
chantemēt, elle voit auſſi bien que
nous. Cette ſorte de publication, &
les applaudiſſemens univerſels qui en
ſuivent de tous côtés bleſſent incontinent les oreilles de nos admirables
pelerins, & craignans qu'une telle
ſorte d'entretiens ne choquât trop rudement leur humilité Chrétienne, ou
qu'elle ne la portât dans l'écueil de
quelque vanité ; Il nous faut fuir d'ici,
dit promptement Brigide à ſes Aſſo-
ciés, il n'y fait pas bon pour nous. Ne
préſumons pas tant de nos forces que
nous demeurions davantage en ce

lieu si plein pour nous de dangereuses tentations. Tel étant aussi le sentiment de Maure, d'Ursicin & d'Hispade, tous délogent le plûtôt que la bienseance le permet.

Aprés quelques journées il leur arrive un sujet d'une fort sensible affliction, mais qui est bientôt dissipée par l'assistance de celui qui peut tout. Ursicin devient malade pour la seconde fois, se plaint du cœur & de la tête, & ne peut s'empêcher de vomir des eaux chaudes extraordinairement. La charité fait arrêter nos Pelerines avec leur frere une semaine entiere autour de luy pour le servir avec émulation, quoy qu'il faille durant tout ce tems là n'avoir pour giste que de la paille. Ce malade le neuviéme jour de son infirmité se trouve assoupi d'une maniere non accoûtumée. Le voila dans une extase qui ne laisse presqu'aucune marque de sentiment en son corps. Cette foiblesse, ou plûtôt ce ravissement dure une partie de la nuit. Le

jour venu Ursicin donne des témoignages de vie par un grand & profond
soupir, & comme s'il se fut déchargé
de quelque gros fardeau, il commence à prendre son haleine & à tourner
les yeux de part & d'autre. Hispade
s'approche & luy dit doucement : A
qui en voulés-vous, mon cher amy ?
Que cherchés-vous en regardant de
tous côtés, dites-nous ce que vous
souhaités, quel est vôtre appetit, voici
des vivres que d'honnêtes gens pleins
de charité vous envoyent, en voulés-
vous goûter ? Ce pauvre malade ne
donna pour réponse que des sanglots,
& quoy qu'il s'efforce les lévres ou-
vertes de parler, il ne le peut faire
pourtant. Brigide s'en apperçoit, en a
pitié, & prie son frere de n'exiger pas
davantage de luy qu'il parle, puisqu'il
n'est pas en son pouvoir. Ah Dieu !
que le pauvre Ursicin, dit-elle, est
trempé de sueur, qu'il a de peine à
tourner la tête çà & là, que ses yeux
semblent effarés ? quelle grosse fumée

fort de fa bouche quand il refpire , &
quand il veut parler ? Donnons luy
quelque peu de repos , & prions le
Sauveur d'un même cœur , qu'il le
veüille affifter , & qu'en cette occafion fingulierement nos Anges Tutelaires fortifient fon courage : fur tout
demandons au Ciel cette grace qu'il
puiffe avoir la force de nous dire deux
mots , car il eft bien croyable qu'ils fe-
ront pour fa confolation & pour la nôtre. Le malade entend ce qui fe dit , il
fe roidit contre fon mal pendant qu'-
on s'addreffe à la Divine Majefté, & à
nos bons Genies pour le recouvre-
ment de fa parole , il tâche de délier
fa langue , il veut prédire l'avenir , &
ne le peut encore ; mais enfin fa langueur cede à fon courage, & le filence
à ce difcours pour lequel il a fi longtems combatu. Cher Hifpade, dit Urficin, vivés content, vous en avés bien
du fujet, je vois les couronnes & les
lauriers que vous meriterés par vos
fouffrances, vous les acheterés de vô-

tre sang que le fer épanchera par la
perte de vôtre tête. Ne vous amusés
pas, luy repart'on, à nous entretenir
de vos songes, que vous voudriés faire passer pour des revelations, c'est
vôtre imagination troublée qui vous
porte à nous tenir un tel langage, &
non pas un esprit bien rassis & bien
éclairé des lumieres du Ciel. Il n'y a
que Dieu qui sçache comment nous
sortirons de ce lieu de miseres, & à
quelle heure : là dessus Hispade se retire. Brigide s'approche, prie le malade de manger, il répond qu'il ne goû-
tera d'aucune viande jusqu'à ce qu'il
ait revelé tout ce que Dieu luy sug-
gere. Dites tout à la bonne heure, repart Brigide, nous n'avons garde d'empêcher que vous n'executiés ce qui est
de la Divine volonté : si ce sont ses
Oracles, nous les écouterons avec
respect. Chere Brigide, replique Ursicin, je vous prédis avec verité que
vous & vôtre sœur Maure possederés
avec avantage une bonne place dans

le Ciel, elle vous y est déja préparée.
Je vois les Anges à grosses troupes,
qui apprêtent les ornemens & la pompe de vos triomphes. Je vois le chemin par où vous devés monter là haut
j'entens les acclamations que l'on fait
à vôtre gloire, & les honneurs qu'on
rend à vos victoires. Hispade vôtre
frere vous a suivi par tout, aussi vous
suivra-t'il au Martyre bientôt, & quelqu'autres de même compagnie iront
heureusement avec vous la palme en
main dessus les Astres joüir de la felicité des Anges. Ces genereuses Vierges ne sçavent que penser de cette
prédiction ; de croire que ce soient
des réveries de quelque extravagant,
c'est ce qu'elles n'osent, vû l'assûran-
ce, la modestie, & la fermeté avec
laquelle il prononce le tout, nonob-
stant son infirmité précedente : aussi
de prendre pour véritable revelation
du Ciel tout ce qu'il leur annonce,
c'est à quoy leur esprit ne peut entierement se laisser emporter. Dans ce

doute néanmoins elles levent les yeux
& s'offrent de trés-bon cœur à Dieu
en parfaites victimes, s'estimant trop
heureuses si elles peuvent aller à luy
par un chemin rougi de leur sang propre. Ainsi se comportent ces excellen-
tes sœurs pleines d'humilité & d'une
sainte confiance, mais specialement
Maure a des pensées ardentes & bien
longues d'une fin remplie de souffran-
ces, elle n'a plus que les croix dans
son esprit, ses idées ne sont plus que
les coûteaux & les épées, le tems luy
dure qu'elle ne présente la gorge, ou
ne baisse la tête sous le trenchant de
quelque coutelas. Pour Brigide elle
pourvoit aux necessités corporelles
de son malade, elle luy apprête les
boüillons & autres breuvages qu'elle
juge être les plus utiles pour le recou-
vrement de sa santé. Elle luy choisit
le meilleur de leurs petites provisions
que les charités du peuple luy fournissoient. C'est merveille de voir avec
quelle affection, quel empressement,

quelle douceur & quelle patience elle rend toute affistance à cet Urficin. Elle accompagne de tant de vœux & de benedictions tout ce peu qu'elle luy prefente, que le Ciel exauce fes prieres, & permet que dans peu d'heures aprés avoir pris un repas de fa main virginale, il fe leve plein de fanté, & continuë le voyage.

Voyage qui fe fait avec bien des détours, comme par des gens qui n'ont point d'autre but que de vivre inconnus deffus la terre, & de paffer tout le refte de leurs jours tantôt deça, tantôt delà, felon les connoiffances qu'on leur donne des villes & des bourgades, des collines & des vallées fanctifiées par la mort des plus celebres Martyrs, ou frequentées à raifon de la quantité des miracles qui fe font aux facrés monumens de nos premiers Chrétiens. Si bien que nous ne devons pas nous étonner de ce que nous les voyons tenir des chemins irreguliers pour fatisfaire aux mouvemens de l'efprit qui les guide. Leur affaire n'est que d'agir selon les ordres du Roy de tous les Monarques, & de patir autant que ses graces le permettront à la foi-blesse humaine. O que nous verrions de faits illustres, si leur vie ne nous étoit pas si fort cachée, & si nous ne nous sentions pas contraints de passer en un moment tant de païs qui se rencontrent depuis la Provence jusqu'en Anjou, sans remarquer leurs visites, leurs entretiens, leurs bontés, leur employ, leurs generosités, leurs pouvoirs & tout le reste du séjour qu'elles ont pû faire en tant de lieux fort renommés ! Mais puisque les Chartes des Eglises ces vieux titres de leur vie qui sont tombés entre nos mains, veulent que nous les considerions comme certaines rivieres qui se dérobans à la vûë des hommes, coulent dessous la terre durant un long espace & puis se montrent de nouveau, quittons toutes les inventions capables d'emplir le vuide qui se presente en l'Histoire de ces Princesses, & croïons que nous sommes assés riches avec ce peu d'actions miraculeuses que le tems & la verité nous en produisent. Car ce sont perles de grand prix. Les voicy donc arrivées à la ville d'Angers, où s'étant acquittées de ces sacrés devoirs à quoy leurs dévotions ordinaires les portoient, aprés avoir visité tous ces venerables tombeaux où reposoient les corps de tant de bienheureux Prélats, qui avoient mené ça bas une vie exemplaire, & où depuis se sont bâties tant de belles Eglises & de grands Monasteres, elles frequentent les Hôpitaux, s'informent des malades & des personnes les plus affligées. On leur parle d'une bonne veuve nommée Aldegonde, comme de la plus desolée de toute la Cité, pource que son fils unique nommé Jean, venoit de trépasser. Maure touchée de compassion va tout d'un même pas visiter cette Dame, & pour une parfaite consolation ayant levé les yeux au Ciel, & fait

quelques prieres à celuy qui reſſuſcita
promptement le fils de la veuve de
Naïm, elle luy rend pareillement ſon
trépaſſé tout plein de vie, & auſſi gay
que jamais. Autant que la mort avoit
mis de fiel & d'abſynthe dans le cœur
d'Aldegonde, autant cette reſurrec-
tion ineſperée y verſe de douceur &
de miel. Ce fils qui comme un nou-
vel Aſtre paroît avec des rayons de
joye, diſſipe tous les nuages de triſteſſe
qui avoient mis le deüil en ſa maiſon.
Le bruit s'en répand du voiſinage dans
toute la ville, on y accourt, il s'y fait
une foule, chacun ſe preſſe, tant pour
voir le reſſuſcité, que pour enviſager
Maure, cette vraye faiſeuſe de miracles. La voila dans une eſtime qui n'eſt
pas imaginable. Ce qui pourtant luy
donne de la confuſion, & l'oblige de
ſe jetter dans la conſideration de ſon
néant, & dans une ſainte défiance de
ſoy-même, de peur qu'elle ne ſemble
s'attribuer une partie de cet effet miraculeux dont elle ſçait aſſés que le

tout est du doigt de Dieu. Son silence
& la froideur qu'elle montre en sa
contenance assés triste dans l'abord,
dans les acclamations & les loüanges
qu'on luy donne, font bien juger aux
habitans d'Angers qu'elle minutte son
départ, comme elle en sollicite aussi
toute sa compagnie. Ils la conjurent,
ils la pressent de vouloir vivre parmi
eux, assûrent qu'ils la logeront, nour-
riront, habilleront elle & les siens,
que tous les cœurs luy sont acquis,
que sa presence servira extrêmement
pour la conservation de leur ville, &
la réformation des mœurs, que puis
que Dieu les avoit conduit tous quatre jusques à eux, qu'ils missent fins
à leurs pelerinages, pour s'arrêter a-
vec des personnes qui esperent mer-
veilleusement profiter de leurs pieux
entretiens, de leurs exemples, & de
tout ce que le Créateur opéreroit
par leur entremise chés eux. Maure,
Brigide, & leurs associés remercioient
ces Angevins de leurs offres, & de

tant de témoignages de leur bonne
volonté ; & voyant que Dieu les appelloit ailleurs, elles sortent de leur
ville au plûtôt qu'elles peuvent. Mais
quoy qu'elles s'efforçent de renvoyer
tous ceux qui de nouveau veulent se
mettre en leur compagnie , elles ne
peuvent empêcher qu'Aldegonde &
Jean son fils , comme leurs obligés,
ne les suivent par tout en leurs pelerinages.

Ainsi leur petit nombre étant ac-
creu, & de quatre se trouvant six
personnes , elles poursuivent leur
chemin sous la conduite de leurs
bons Anges, & de Jesus qu'elles pre-
noient pour objet & but unique de
toutes leurs actions. L'occasion se
presente de loger en une métairie
dans le village dont le Seigneur s'appelloit Geronce : le fils nommé Johel, qui avoit été tué d'un coup de
fleche, lequel gisoit mort & ensleve-
ly depuis quelques jours, par les ap-
proches, & à la parole de Maure se
leve

leve de son cercueil, rompt les liens
& les draps qui le tiennent envelopé,
& se redressant sur ses pieds à la vûë
de toute sa famille, s'acquitte de la
reconnoissance qu'il en doit à Dieu &
à cette sainte Princesse. Joye qui se
redouble peu aprés dans l'ame de ce
résuscité par une sorte de langage qui
donneroit de l'amertume à quelque
autre : car cette même Ouvriere de
merveilles luy prédit que dans peu
de temps il doit sacrifier à Dieu son
corps par le Martyre ; comme en effet il eut la tête tranchée à l'age de
vingt-deux ans, pour la défense de la
vraye foy. S'est il jamais rien vû de
plus illustre dans l'histoire des plus
grands Héros de tout le Christianis-
me ? Il semble que le Créature ait
mis les clefs de la vie entre les mains
de Maure, pour en ouvrir la porte à
ceux que la mort a jettés au sepul-
chre, & qu'elle participe à l'une des
plus hautes perfections de la Divinité, puis qu'elle porte les yeux jusque

D

ſur les choſes abſentes & à venir. A-
joûtons encore que pour ſurcroît des
grandes marques de ſes pouvoirs,
auſſi-tôt qu'elle s'apperçoit paſſant
par une rüe, du fils d'un pauvre cor-
donnier que la paralyſie privoit du
mouvement & de l'uſage d'une bonne partie de ſon corps ; elle luy re-
donne de la vigueur & des forces extraordinaires. Que cette bonne Vierge a de crédit auprés du Roy des Anges & des hommes, pour avoir ainſi
reçû l'empire ſur tout ce qui eſt au
deſſus de la portée des mortels ? Il ne
ſe rencontre maladie aucune en la
maiſon de Geronce & des environs,
qu'elle ne prenne la fuite à la volonté de cette ſainte fille. Le Ciel com-
munique un même pouvoir à Brigide
& à leur frere Hiſpade : car pendant
qu'ils ſont au même lieu, les poſſedés,
les fébricitans, les paralytiques, & autres qui leur ſont amenés, reçoivent
par leur entremiſe toute la guériſon
qu'ils ſouhaitent. Tout leur eſt extre-

mement facile, sinon de déloger de
ce village. Johel entre autres nou-
vellement ressuscité s'appercevant du
dessein que prend Maure d'aller ailleurs, essaye par toute sorte de considerations de l'arrêter, conjure son
pere Geronce de ne permettre le départ de celle à qui il doit la vie, autrement qu'il a résolu de la suivre par
tout. Ce bon Seigneur s'efforce de
gagner le cœur de cette Princesse
par autant de raisons qu'il en peut
imaginer. Elle pour réponse à ses
sollicitations, luy va toûjours disant
qu'elle s'est obligé à un pelerinage
perpetuel, qu'elle ne violera jamais
son vœu, que son unique contentement consiste non pas dans le repos,
dans l'honneur, ou dans les délices
de la vie, mais bien à visiter les plus
saints lieux, pour y rendre un culte
dû aux sacrées Reliques de ceux qui
sont morts pour Jesus. Contentés-
vous, repart Geronce, d'avoir été à
Rome & à Jerusalem, qui sont les

lieux les plus venerables de la terre, vous devés être lassée d'avoir tant voyagé dans l'Europe, & au delà. Encore est-il raisonnable que vous mettiés quelque borne à tous ces longs pelerinages : Agréés la maison que je vous offre en proprieté, je vous la donne de bon cœur, faites-en un Hôtel-Dieu pour y loger les pauvres, puisque vous vous plaisés si fort aux œuvres de charité. C'est la raison, dit Maure, que vous donniés quelque chose à Dieu qui vous a redonné vôtre fils, consacrés luy cette maison, afin qu'elle soit un mémorial éternel du bien qu'il vous a fait. Ce Seigneur étoit trop reconnoissant pour ne pas suivre le conseil de la Vierge, il appelle Victor Prêtre du Païs, & luy fait faire toutes les ceremonies possibles pour y dresser & dedier un Autel, en changeant ce logis prophane en un lieu saint & venerable, fondé ensuite sous le titre d'un Prieuré, & qui ne subsiste plus aujourd'huy sinon en la

Paroiſſe de Sainte Maure prés ſainte Catherine de Fierbois en Touraine.

Quelle route prendront à cette heure nos Pelerines ? Où eſt-ce qu'elles vont porter le flambeau de leurs vertus ? Je me plains des Hiſtoriens de leur tems, de ce qu'ils nous ont envié tellement la connoiſſa ce entiere de leurs beaux faits , que nous ſommes contraints de n'en produire que des lambeaux , au lieu d'en faire voir toute la piéce. Néanmoins avoüons que c'eſt un trait de la prudence du bon Urſicin leur aſſocié, témoin oculaire du progrés de leur vie , & qui par un ſecret reſſort de la divine Providence leur a ſurvécu, de nous faire le raport ſeulement de quelqu'unes de leurs actions héroïques, ſaintes & tout à fait divines , afin que le recit d'un plus grand nombre , ou ne nous rebutât pour ſa longueur , ou n'affoiblit nôtre créance par un amas exceſſif de merveilles , & par ainſi ne dérogeât au fruit qu'une ame vraiement Chrétien-

ne en peut aisement recueillir. Voici
donc nos Pelerines qui ne pensant pas
mettre sitôt un terme à leurs voyages,
trouvent pourtant le bout de leur car-
riere auprés du bourg de Balagny en
Beauvaisis. Car comme elles se reposoient auprés d'une fontaine éloignée
un peu du grand chemin, & qu'elles
se peignoient avec modestie, quatre
hommes armés sortent comme Dra-
gons du bois voisin. S'en étant apper-
çûës elles éveillent leurs compagnons
qui dormoient lors, leur en donnent
avis, & les font mettre sur leurs gar-
des ; cependant ces voleurs s'appro-
chent, crians avec une mine de lions
& un ton tout à fait effroyable : De-
meurés-là, si vous branlés nous vous
tuons ; & comme cette Angelique
troupe pensoit ouvrir la bouche pour
arrêter un peu telle furie, ils vont re-
doublant leurs menaces de l'égorger
si elle veut dire un seul mot. Quel avá-
tage ne peuvét avoir des loups affreux
& carnassiers sur des brebis innocen-

tes ? Ils se saisissent de leur petit baga-
ge, ils foüillent dans leurs sachets, es-
perant y trouver de l'argent, secoüent
tout, regardent tout, & ne rencontrant chose quelconque de prix, ils
s'amusent à considerer le port, la tail-
le, & le visage de Maure & de Brigide.
Les voila bientôt épris de la beauté de
ces deux Vierges, ils veulent entre-
prendre sur leur pudicité, & pour con-
tenter leur brutale passion ils traînent
ces pauvres filles dans un bout de taillis, où Hispade les suit pour s'opposer
selon ses forces à cette violence. Cō-
me ces enragés s'apperçoivent que par
caresses ils ne peuvent rien gagner sur
les volontés de ces genereuses Princesses, ils leur mettent le poigard sur
la gorge, & les pressent sur peine de
la mort de satisfaire à leur desir. La
mort, disent-elles, nous est plus chere
mille fois qu'une vie soüillée de peché.
Nous périrons plûtôt que de vous
obéïr. Hispade leur frere à qui dans la
poursuite les forces viennent de man-

quer par une défaillance de cœur, re-
prend courage, & se rend au lieu où
l'on veut immoler ces sacrées victimes. Qui vous mene ici, luy disent
d'abord ces quatre *Cerberes*, Retirés-
vous, autrement il faut que vous mou-
riés. Vous me tuerés plûtôt, leur re-
plique-t'il, que de me faire quitter la
cōpagnie de mes deux pauvres sœurs,
Ces tygres sans attendre un plus long
discours, le chargent à grands coups
de bâtons & le laissent demy mort:
puis un d'eux appellé Ricoart, crai-
gnant qu'ayant repris ses forces, Il
n'empèchât leur horrible dessein, luy
emporte la tête de trois coups de son
épée. Quel creve-cœur à ces deux
sœurs, de le voir à leur occasion mas-
sacrer si malheureusement ? Il faut
croire que ces chastes colombes en
avoient une douleur si fort aigre, que
sans quelque force extraordinaire du
Ciel, elles eussent déja rendu l'esprit
entre les serres de ces vautours. Mais
le Sauveur les reserve à des triom-

phes plus glorieux. Cependant Hiſpade par un miracle étrange reçoit
ſa tête coupée dans ſes mains, la porte encore plus prés qu'il n'étoit de ſes
ſœurs, la met à terre, & à même inſ-
tant par une continuation de prodiges elle prononce ces mots de l'Orai-
ſon Dominicale, *Sed libera nos à malo*,
comme priant la Divine bonté qu'elle
ne permît pas que mal quelconque ar-
rivât à leurs perſonnes qui luy déplût,
ne croyant pas qu'il y ait autre mal au
monde à craindre, & dont on doive
avec empreſſement déſirer la délivrance que le peché ou ſa diſgrace.
Auſſi ces bonnes filles qui n'avoient
point d'autres ſentimens répondirent
d'un même accent & d'une même volonté, Amen. Et comme elles ſe re-
muoient déja pour lever de terre la
tête ſanglante de leur cher Hiſpade,
ces voleurs impitoyables les traînent
encore plus avant dans le bois. Jean,
ce jeune homme reſſuſcité ſuivoit de
loin avec ſa mere Aldegonde à deſ-

fein de voir l'iſſuë de cette tragédie:
la rencontre du corps d'Hiſpade leur
tire force larmes des yeux, & tout
plein de ſanglots de la poitrine. Jean
paſſe outre, & rencontrant ces aſſaſſins qui donnoient déja de grands
coups de bâtons noüeux aux deux
Princeſſes : Pourquoy, dit-il avec in-
dignation, traités-vous de la ſorte mes
Maîtreſſes ? Que vous ont-elles fait ?
Sçavés-vous le crime que vous com-
mettés? Ne croyés-vous pas que Dieu
vous voit, & qu'il eſt autant juſte que
puiſſant pour châtier vôtre cruauté?
A peine avoit-il achevé cette remon-
trance, qu'un de ces enragés luy enfonce ſon épée dans le ventre, & luy
fait ſortir les entrailles. Aldegonde
entend les derniers cris de ſon fils
mourant, elle accourt, elle pleure,
elle s'écrie, & dit toutes les paroles
que le tems & la douleur extréme ſug-
geroient à une mere qui voit preſque
devant ſes yeux aſſaſſiner la perſonne
qui luy eſt la plus chere en ce monde.

Ces clameurs ne furent pas de longue durée, car un des affaſſins porté d'une rage diabolique luy donne incontinent de ſon épée dans les flancs, luy fend la tête, en répand la cervelle ſur l'herbe, & la laiſſe toute morte. Le même voyant enſuite qu'il ne pouvoit obtenir aucun conſentement de Maure pour ſatisfaire à ſon ardente ſenſualité, & que plus il la tourmentoit, plus elle réſiſtoit à cette vilaine paſſion, il la prend par la gorge avec fureur, il luy arrache les cheveux, luy enfonce ſa dague dans la tête par l'une des oreilles, & martyriſe cette pauvre innocente. Autant en fait & pour même ſujet un de ſes compagnons nommé Germain, à l'endroit de la chaſte Brigide, qui tombant par terre des coups mortels qu'elle venoit de recevoir, fit auſſi que le corps de ſa ſœur, qui avoit demeuré juſqu'alors debout & immobile, nonobſtant qu'il eût rendu l'ame, chût doucement ſur la pouſſiere. Il ſembloit que l'obſcurité conve-

noit à un si triste spectacle, & que tant
de sang répandu par les excés d'une
malice noire dût être dérobé à la vûë
par le deüil & les tenebres d'une nuit,
néanmoins Ursicin qui du milieu du
bois avoit vû cette boucherie, s'ap-
perçût au même temps que ces Princesses rendoient le dernier soupir,
qu'une lumiere toute extraordinaire
& plus brillante que celle du Soleil,
commença d'environner une heure
entiere leurs sacrés corps, & qu'une
éclatante troupe d'Anges décenduë
du Ciel avec des réjoüissances non-
pareilles enlevoit ces belles ames sous
la figure de deux agréables tourterel-
les. Ce qui ne nous doit pas sembler
étrange, puisqu'il est certain que toute l'Eglise triomphante prend interêt
aux genereux combats que rend, &
aux victoires qu'emporte ici bas la mi-
litante sur les démons & sur le vice.
Joint que tous ces Bienheureux esprits ressentent un nouveau surcroît
de joye lorsque la grace trouve des

cœurs qui se laissent conduire à ses
lumieres, & n'agissent que suivant ses
ordres & ses mouvemens. C'est là
où le Dieu vivant prend ses délices
& trouve l'accroissement d'une vraie
gloire, qui l'oblige de tenir sa promesse de donner la courone de l'im-
mortalité, & d'ouvrir les trésors de
sa felicité à ces belles ames parfaitement fideles. Que si ce luy est un plai-
sir indicible de voir ses enfans triom-
pher de tous les tourmens les plus
horribles de la mort, aussi luy est-ce
un grand mécontentement lorsqu'il
apperçoit que des créatures doüées
de raison, & partant l'image de sa divinité viennent à rompre ce caractere
d'honneur pour prendre celuy de tygres, ou de léopards, & exercer à
l'endroit des personnes les plus che-
ries du Ciel une détestable furie. Mécontentement que souventefois il ne
differe pas de faire paroître jusqu'aux
siécles suivans ; mais en donne des
preuves évidentes par des châtimens

exemplaires, qu'en tire à même têms
sa trés-juste vengeance. Pourſuivons
nôtre hiſtoire , & nous en verrons
un exemple fort clair.

Ces quatre Aſſaſſins n'eurent pas
ſitôt commis leurs exectables homi-
cides, qu'ils entrerent dans une rage
& deſeſpoir qui les porta à ſe défaire
eux-mêmes. Ricoard ſe faiſant ſon
bourreau enfonce l'épée dans ſon ſein:
Grinhard ſe déchirant à belles dents,
court à la plus proche riviere pour ſe
précipiter : vray qu'il rencontre en
ſon chemin Germain l'un de ſes compagnons , qui le veut empêcher auſſi
bien que le quatriéme nommé Loup;
mais les ayant mis à mort l'un aprés
l'autre, & laiſſés ſur la place , ſe jette
enfin dans l'eau la plus profonde où
il ſe noye. Voila comme par fois le
grand Dieu plein de juſtice , & qui a
toûjours les yeux ouverts , tire ſur
l'heure , & à la vûë des peuples , le
ſupplice dû à des brutales cruautés.
Urſicin qui reſtoit ſeul de toute ſa

compagnie , demeura dix jours auprés de ce théatre plein de fang , où
s'étant délivré de la frayeur conçûë
de la manie de ces quatre voleurs qui
venoient de s'entretuer , il commence de rendre les derniers devoirs à
ces glorieux Martyrs , enterrant en
premier lieu les corps de Maure & de
Brigide : mais comme il vouloit paffer outre , il fe fent travaillé de diver-
fes penfées apprehendant fur tout que
fi quelques paffans voyoient la terre
fraîchement remuée , ils ne vinffent
à l'accufer d'avoir tué ceux qu'il au-
roit enterrés. Maure ne le laiffe pas
longtems inquieté de cette peur pa-
nique ; car luy étant apparuë la nuit
fuivante , elle luy tint un tel langage:
Urficin le vrai Dieu pour qui nous
avons combatu , & qui nous a donné
la force de luy conferver inviolable-
ment la poffeffion de nôtre cœur,
nous continuë la faveur de prendre
un foin particulier des mêmes corps
qu'il a durant leur vie garantis des at-

teintes de toute impureté. Il est assés puissant pour faire que nos ossemens ne soient enlevés d'ici jusqu'au tems déterminé, quelques efforts que puissent faire les démons & leurs adherans : au contraire, Nous vous sçavons gré de ce que les enterrant vous avés empêché qu'ils n'ayent été la curée des chiens & des corbeaux, & nous nous employerons auprés de nôtre souverain, à ce que vôtre pieté soit suivie de recompense. Achevés ce que vous avés si charitablement commencé : mettés en terre les corps d'Hispade nôtre frere, de Jean nôtre associé, & de sa mere Aldegonde, vous assurant que Dieu s'en servira pour faire des prodiges en son têms, qui seront à la consolation de tous les peuples qui les visiteront avec respect, & que vous ne devés aucunement entrer en apprehension que mal quelconque vous en arrive. Il y va trop de l'honneur de ces saintes ames, & de l'interêt de la gloire de

Dieu

Dieu. Là dessus Ursicin s'éveille, &
quoy qu'il ne s'apperçoive plus de celle qui vient de luy parler pendant
l'heure de son sommeil, il ne laisse
pas d'executer promtement ce qu'elle
lui a recommandé, se réjoüissant beaucoup des assurances qu'il avoit eu, que
tout un païs recevroit à l'avenir un
bien notable de la présence de ces
saints corps. Aprés donc qu'il les eût
couverts de terre, & que s'entrete-
nant de pensées & considerations
toutes celestes, il eût rodé quelque
temps à travers les broussailles & le
taillis du bois dépositaire de tant d'illustres Martyrs, un bon homme des
champs le rencontre, qui s'étonnant
de le voir ainsi à l'écart & tout pensif
luy demande où il prétend aller & ce
qu'il cherche. Mon cher amy, répart
Ursicin, j'aurois bien de la peine à
vous dire où je vais. J'ay le cœur si saisi
de tristesse, qu'à peine puis-je faire un
pas. J'avois été jusqu'à présent dans
une bonne & sainte compagnie qu'on

E

vient d'égorger. Jesus ! vous m'effrayés, dit le bon homme, cela peut-il bien être ? Bien plus, ajoûte nôtre Pelerin, Dieu a déja puni les quatre meurtriers qui ont commis l'étrange assassinat : car ils se sont incontinent aprés entretués : & comme il se voyoit pressé d'en raconter toute l'histoire, il repassa, non sans soupirs & sans pleurs, sur le détail & les particularités de ce qui étoit arrivé. Ceci vient aux oreilles de la plûpart des habitans de Balagny, qui dés l'heure se transportent à ces saints lieux, & puis en furent avertir Monseigneur l'Evêque de Beauvais, qui en rendit graçes incontinent à Dieu, de la constance qu'il avoit donnée à ses fidéles créatures dans les combats qu'elles avoient glorieusement soûtenu pour la défense de la vertu de Chasteté.

Quelque tems aprés sainte Batilde Reine de France ayant appris la sainteté, le martyre & les miracles de ces deux illustres Princesses Maure & Bri-

gide, & de plus reconnoiſſant qu'elles
la touchoient de parenté , puiſqu'elles étoient comme elle décenduës du
grand Voden de Saxe , elle vint au
bourg de Balagny fort bien accom-
pagnée , avec intention de faire tranſ-
porter leurs ſacrés corps en ſon Ab-
baye de Chelles qu'elle faiſoit bâtir,
ſe promettant qu'elles ſeroient à jamais de trés-puiſſantes Protectrices
de tout ce Royal Monaſtere. En quoi
cette bonne Reine montroit en verité qu'elle étoit doüée entr'autres vertus d'une grande foy , & d'un zele
bien loüable, de vouloir faire éclater
les mérites de ces deux Vierges , &
loger leurs Reliques à ſes propres dé-
pens fort magnifiquement. Mais Dieu
ſe contentant de ſa bonne volonté,
ne permit pas que l'effet s'enſuivit,
prévoyant aſſés que Chelles ne man-
queroit pas de ſaintes Patrones & Tutelaires particulieres , comme ont été
toutes ces vertueuſes Dames , qui depuis mille ans ſe ſont renduës les par-

faites imitatrices, & trés-veritables
portraits de sainte *Bertille*, & de leur
Fondatrice. Comme donc celle-cy,
selon son entreprise, faisoit conduire
les sacrés corps de nos deux Vierges,
qu'elle avoit enlevés de leur sepul-
chre, & que les chariots qui les portoient furent arrivés au carrefour de
Nogent prés de Creil, ils s'arrêtent
tout court, & ne fut pas possible de
les faire avancer, quelque industrie
qu'on y apportât, & quelques bœufs
ou chevaux qu'on y pût atteler. Ba-
thilde émerveillée du fait, commande
qu'on ne force plus ces animaux, qui
selon l'usage du tems avoient commencé de tirer les chariots, & qu'on
voye s'ils marcheront sans aucune
conduite, afin de reconnoître où
Dieu desire que ces corps saints soient
honorés. Chose étrange ! de leur seul
mouvement ils font encore trois cens
pas, & parviennent au lieu qu'on appelle à présent la Croix de sainte
Maure. Comme on vit qu'ils é-

toient en train d'aller , plufieurs de la fuite de la Reine , rencontrant là encore un autre chemin , firent faire un fecond effort pour de là leur faire paffer le pont de Creil , & donner jufques à Chelles : mais la Reine & fon Confeil jugerent lors que le deffein du Ciel étoit tout autre , & que fans ufer de contrainte il falloit laiffer le tout à la Divine Providence. Auffi l'iffuë fit paroître que leur avis étoit fort équitable ; pour ce qu'à même inftant ces animaux fans autre conduite que celle des Anges du païs, prenans le chemin de l'Eglife de Nogent y porterent les faintes Reliques. Merveille qui s'accrut encore par le bruit extraordinaire des cloches qui fonnoient à leur arrivée fans le miniftere d'aucune perfonne , donnant bien du fujet de recevoir honorablement ce faint threfor. Toutefois en attendant les ordres tant du Pape que de l'Ordinaire , les cercueils furent mis au cimetiere du village , vis à vis de l'Autel du côté d'Orient, où pour diverses considerations, & specialement pour le grand respect qu'on leur portoit, personne n'y osant toucher, ils demeurerét environ cinq cens ans.

Sur la fin du douziéme siecle les miracles se renouvellent autour de ce sacré dépôt en des créatures qui sont hors de soupçon de malice, & d'artifice. Une vache toute noire du troupeau d'un Chevalier de Senlis nômé Varnier, s'étant égarée par deux fois, & couchée durant deux nuits sur deux differens côtés dedans le cimetiere de Nogent, fut retrouvée premierement ayant son corps à moitié blanc, & puis avec tout son pelage changé en cette même couleur de neige, pour avoir reposé sur la terre qui couvroit les ossemens de ces Angeliques Princesses. Ce redoublemét de prodige éclatte dans toute la contrée, on y accourt plus que jamais, la confiance en leur pouvoir, & la devotion envers leurs cendres s'en-

flamme extraordinairement. Toutes
sortes de perfonnes en reçoivent des
faveurs bien fenfibles : les uns y gué-
riffant leurs fiévres : les autres y changeant leurs obftinées langueurs en
des libres & fains mouvemens de tout
leur corps. Urbain troifiéme du nom
Pape alors , mande aux Evêques de
Beauvais & de Senlis , qu'ils décen-
dent fur les lieux pour examiner meu-
rement & diligemment ce qui s'y en
paffe. Il s'informent de tout avec autant de foins & de fidelité qu'on peut
s'imaginer, & reconnoiffant évidem-
ment une quantité de miracles , ils
font ouvrir à même tems le fepulcre
des faintes Vierges, levent leurs corps
& les mettent en des chaffes dans l'E-
glife du village , où de l'autorité du
faint Siége , ils octroient cens jours
d'Indulgence à ceux qui la vifiteront
depuis le premier Dimanche d'aprés
l'Afcenfion de nôtre Redempteur,
jufqu'à la fête de S. Jean Baptifte Et il
faut bien dire que tant les habitans de

Nogent, que les peuples circonvoi-
fins, en ayent reffenti fouvent de
grandiffimes confolations, puis que
ne fe contentant pas d'en honorer la
mémoire durant un tel intervalle de
tems, ils ont encore voulu en faire
une folemnité particuliere le treiziéme Juillet ; jour de leur martyre, &
encore le trentiéme de Janvier, jour
de la Tranflation de leurs corps à
Nogent : folemnité qu'on peut croire être fort agréable à la Divinité,
puifque nous avons appris qu'à fainte
Maure en Touraine par la dépofition
propre du Curé, des Fabriciens, &
des plus anciens & notables Parroif-
fiens, quand on fait le facrifice de la
grand' Meffe au vingt-feptiéme de
Janvier, qui eft le jour de la Dédi-
cace de l'Eglife, faite par faint Eufro-
nius Evêque de Tours, qu'on fefte
là ces faintes fœurs, encore que leurs
corps foient ailleurs, & que ce foit
au plus fort de l'hyver, toûjours & à
même heure le Soleil luit deffus l'Au-

tel & fur les fonds de Batème, pour marque de la joye que reçoit le Ciel de l'honneur qu'on rend à celles qui ont fi genereufement confervé la grace baptifmale, que par les mérites d'un Dieu facrifié fur l'Autel de la Croix, ils avoient eu en leur enfance: Et de plus en cette même Eglife de fainte Maure, lorfque l'on y mene les petits enfans qui font travaillés en leur jeuneffe de petites taignes & galles, & que l'on les va laver au puits qui eft dans cette Eglife où l'on va faire les prieres pour eux, ils y recouvrent journellement guérifon.

Un grand nombre de perfonnes des plus vertueufes & des plus relevées du Royaume y ont fait de tems en tems des pelerinages, & des préfens. Nôtre bon Roy S. Loüis entre autres, en l'année mil deux cens quará-te & un, prit la peine de vifiter l'Eglife de Nogent, la fit agrandir de tout ce beau chœur qu'on y voit à préfent, & fit mettre dans de nouvelles chaffes

par le ministere d'Eudes Coadjuteur
de l'Evêché de Beauvais , les sacrés
offemens de ces deux Vierges. La
Royale pieté de ce grand Monarque
donna de telles impreffions aux cœurs
de plufieurs de fa Cour , qu'enfuite
les plus confiderables voulurent avoir
en ces quartiers quelque château pour
avoir plus de commodité d'y aller faire leurs dévotions , & y fonderent
même quantité de maifons Religieu-
fes, dont les Chapelles fubfiftent encore aujourd'huy quoy qu'à demi rui-
nées depuis les guerres des Hugue-
nots, ou changées en Paroiffes pour
la quantité de perfonnes qui s'y font
habituées. Qui ne croira que Robert
de France fils de ce Roy fi faint , &
nourri dans une finguliere piété, n'ait
été bien aife d'avoir eu dans fon ap-
panage *la Châtellenie* de Creil , voifi-
ne de ce grand tréfor ? Sçauroit-on
douter que fes fucceffeurs les Ducs
de Bourbon, qui ont été les plus Religieux Princes du monde , comme

l'on remarque facilement par tant
d'Abbayes, Prieurés & Eglises Colle-
giales bâties au pié de leurs Châteaux
de Bourbonnois & ailleurs, ne l'ayent
chérie pareillement pour la même
consideration. Ils y ont bâti & fondé
cette belle & grande Chapelle de S.
Evremont qui se voit en la premiere
Cour. Loüis second du nom avoit fait
faire de fort belles maisons en Bourbonnois plus grandes & mieux accom-
pagnées, néanmoins il y demeuroit
assés souvent, & pendant qu'il étoit
l'un des Tuteurs de Charles sixiéme
durant sa maladie, il crût que l'indis-
position de ce Roy se trouveroit sou-
lagée par le voisinage du sepulcre de
ces saintes Princesses, & pour ce fit
en sorte qu'il y séjourna beaucoup de
tems. La galerie qui regne au dedans
de la Cour de ce château, & qui porte
en son balcon de pierre les chiffres de
l'Ordre des Ducs de Bourbon avec
les lettres P. & A. montrent assés que
Pierre second du nom, & Anne de

France sa femme, fille du Roy Loüis onziéme, avoient en affection particuliere, ce lieu puisqu'ils l'augmenterent de la moitié. Il est vray que la Comté de Clermont est plus considerable pour sa grandeur, pour ses revenus, & même pour sa situation plus élevée & mieux airée, neanmoins son château n'a pas été si chéri que celuy de Creil, puisqu'il est presque démoli, & celui-ci s'est accrû de tems en tems, s'est embelli, & se va perfectionnant de jour à autre par les soins de Madame la Comtesse de Soissons.

Deux Religieux de l'ancien Prieuré de sainte Maure en Touraine, portés d'un zele indiscret, se servans d'artifices peu legitimes, enleverent de nuit les sacrés corps de ces saintes Vierges, pour les transporter en leur maison, mais aprés avoir bien rodé durant toute cette nuit, pensans faire beaucoup de chemin pour leur retour, ils furent encore trouvés le lendemain matin dans le territoire de

Nogent par des laboureurs (au lieu appellé encore à prefent de fainte Maure) qui les arrêterent. Ce qui les obligea de reconnoître que Dieu ne trouvoit pas bon que ces faintes Reliques fuffent emportées ailleurs, ils les rendirent, & furent rémifes en leur dépoft.

L'an mil trois cens quarante trois le Lundy d'aprés la fête faint Martin d'Eté, Meffire Jean de Marrigny Evêque de Beauvais, étant venu fuivât la coûtume, au bourg de Nogent pour vifiter l'Eglife, fit ouverture des chaffes, où il trouva deux facs de cuir dans lefquels étoient entierement les os de ces faints corps. Et y fut trouvé femblablement une cedulle, contenant qu'en l'année de Nôtre Seigneur mil deux cens quarante & un, en la prefence du Roy de France Loüis neuviéme, les corps des faintes Maure & Brigide avoient été mis en fes chaffes. Cet Evêque en ôta les mentons & les fit enchaffer, efperant les met-

tre en l'Eglise Cathedrale de Beauvais
mais voyant que les habitans du village ne cessoient de l'importuner toutes
les fois qu'il passoit par là , en la demande qu'ils faisoient de ces Reliques
& d'autre part qu'il étoit tourmenté
d'une fiévre quarte, dont il se persua-
doit ne pouvoir être guéry s'il ne les
rendoit , il en fit restitution à l'Eglise
de Nogent, où elles ont été conser-
vées à part depuis avec tout le reste
en diverses chasses de prix , gastées
par l'antiquité , renouvellées l'an mil
six cens trente quatre & trente-cinq,
de l'autorité de trés Reverend Pere
en Dieu Messire Augustin Potier E-
vêque & Comte de Beauvais, par l'entremise de Monsieur de Nully Curé
de Liancourt , l'un de ses Vicaires à
ce commis par la sollicitation de
Monsieur Dangu Curé de la Paroisse,
& par les soins de Monsieur de Chail-
lou Maître des Comptes à Paris Seigneur du lieu. Aujourd'huy le feu de
la dévotion s'y rallume, par l'espé-

râce que les peuples ont d'être ſecou-
rus en leurs neceſſités tant ſpirituelles
que corporelles, & ſpecialement contre les fleaux des maladies contagieu-
ſes, par les merites & interceſſions de
ces bien-heureuſes Vierges & martyres, qui dés leur naiſſance ont obtenu
que leur patrie fut exempte d'une fu-
neſte peſtilence qui l'affligeoit.

Le feu de cette devotion a paſſé
juſques dans la Ville de Beauvais, on
y regarde les deux ſaintes Princeſſes
Maure & Brigide comme des Anges
tutelaires de la Ville & du Dioceſe,
& elles y ſont honorées d'un culte
particulier, & par une Confrerie So-
lemnelle dans la Paroiſſe de S. André,
où ſont pluſieurs fragmens des oſſe-
mens de ces deux grandes Saintes que
l'on y conſerve avec ſoin & avec reſpect.

La pieté envers ces Saintes y eſt
fort ancienne: mais elle s'y eſt parti-
culierement établie depuis les ſecours
miraculeux que les habitans de la par-

roisse de S. André & de toute la ville
de Beauvais en ressentirent en l'année mil six cens trente sept, qui fut une
année de grande contagion.

Un chacun sçait qu'en l'année mil
six cens trente sept la ville de Beauvais fut frappée du fleau de la peste;
cette maladie fut grande dans toute
la ville, mais la Parroisse de S. André
tant à cause d'un certain ruisseau
qui étoit de grande infection, que
du nombre des pauvres gens qu'elle
renferme, en fut la premiere & la plus
affligée ; c'est ce qui obligea les habitans de ladite Paroisse de recourir
aux assistances du Ciel par l'entremise des Saints & Saintes Tutelaires du
Diocese , & notamment des Saintes
Maure & Brigide, qui par un long usage de la dévotion du païs sont reclamées dans de telles necessités. Ils firét
alors un Vœu public. de toute la Paroisse à Dieu sous le nom desdites
Saintes , de visiter la Chapelle qui est
au village de Balagny lieu de leur mar-

tyre

tyre, & le jour même qu'il fût acquité par Monsieur Floury Curé de la Paroiſſe & pluſieurs perſonnes des plus notables de ladite Paroiſſe. L'air ſe trouva tout à coup ſi notablement moderé & changé en mieux, que la contagion s'arrêta tant en ladite Paroiſſe qu'autres de la ville, & ceux qui en étoient malades guérirent à la réſerve de fort peu de perſones.

Les habitans de la Parroiſſe de S. André aprés une délivrance ſi prompte n'oublierent pas un ſi grand bienfait : mais deſireux d'uſer de reconnoiſſance envers Dieu, & envers leſdites Saintes, & pour laiſſer à la poſterité quelque mémorial de leurs actions de graces, aprés avoir fait préſent à la Chapelle de Balagny d'une Chaſuble & d'un devant d'Autel, ils firent tailler les deux Images deſdites Saintes Maure & Brigide ; ils les firent placer ſur un Autel de Menuſerie qu'ils avoiét fait conſtruire à cét effet dans leur Egliſe, & ont encore voulu y faire à perpetuité une Solemnité particuliere defdites Saintes le treiziéme Juillet jour de leur Martyre, & le Dimanche fuivant dans l'Octave avec une Prédication : Et encore le trentiéme de Janvier jour de leur Tranflation.

Pour en honorer davantage & perpetuer la mémoire, Meffire Nicolas Choart de Buzanval Evêque & Comte de Beauvais créa & érigea à toûjours le trente-uniéme May mil fix cens foixante & un à la gloire de Dieu & à l'honneur defdites Saintes une Confrérie & Societé fpirituelle en ladite Eglife de S. André avec Indulgence en faveur des Fidéles de l'un & de l'autre fexe ; de laquelle les Confreres entre autres chofes auroient foin de faire à Dieu prieres particulieres & aufdites Saintes pour la préfervation de la maladie contagieufe en la ville de Beauvais, & le cas arrivant ils prendroient le foin & auroient la charité de procurer aux ma-

lades les affiftances fpirituelles & corporelles , & fur tout qu'ils reçûffent
les Sacremens de l'Eglife.

A une délivrance fi heureufe & à
cette grace que Dieu accorda alors
aux habitans de Beauvais par l'inter-
ceffion des faintes Maure & Brigide,
on pourroit ajoûter beaucoup d'autres faveurs qu'il a accordé encore depuis aux peuples tant de la Ville que
du Diocefe par les mérites de ces
Saintes. Mais fans parler ici de ces
eaux abondantes & fecondes que le
Ciel a fouvent verfé fur la face de la
terre dans les plus grandes fechereffes
lorfqu'on les a prié ou que leurs Chaffes & leurs faintes Reliques ont été
portées en proceffion ; fans parler de
tant d'enfans heureufement venus aux
faints Fonts de Baptême , lorfqu'elles
ont été reclamées , malgré le rifque
qu'ils courroient de leur vie en ve-
nant au monde, ni du foulagement
que les femmes enceintes qui les ont
invoquées dans leur groffeffe en ont

reſſenti. Il ſuffira de dire que ces glo-
rieuſes Saintes ſont une ſource de be-
nediction pour la Ville de Beauvais,
& pour tout le Diocéſe : & que la pieté & la dévotion envers elles s'y éta-
blit & augmente de plus en plus à la
vûë des ſecours ſenſibles que les perſones de tout âge, de tout ſexe, & de
toute condition y recoivent tous les
jours par leur entremiſe dans leurs
fiévres, leurs langueurs, leurs maladies & dans tous leurs beſoins ſpiri-
tuels & corporels.

Plaiſe à la Divine Bonté nous oc-
troyer ces mêmes faveurs en leur
conſidération, & qu'à leur exemple
nous puiſſions avoir en tel mépris les
grandeurs & les voluptés de la terre,
qu'enfin le Royaume de Paradis nous
ſoit donné.

F I N.

A VESPRES

℟ Benedictus Deus, qui famularum
suarum animas divinis illuſtravit, cha-
riſmatibus, & æternâ gloriâ poſt mortem cumulavit , * earumdem nobis
precibus cœleſtia dona largiantur.

℣. Quarum memoriam veneramur
in terris , earum conſortio perfrua-
mur in cœlo. Earumdem &c.

Gloria Patri &c. Earumdem &c.

LE REPONS

Beni ſoit le Seigneur, de ce qu'il a en-
richi les ames de ſes ſervantes de ſes
graces divines, & les a couronnees d'une
gloire éternelle aprés leur mort. Que
les dons & les faveurs du Ciel nous
ſoient accordées par leur interceſſion.

℣. *Que nous puiſſions jouir un jour*
dans le Ciel de la compaguie de ces vier-
ges ſaintes , dont nous honorons la me-
*moire ſur la terre. * Que les dons &c.*

Gloire ſoit au Pere & au Fils & au S.
*Eſprit. * Que les dons & les faveurs*
du Ciel nous ſoient accordées par leur
interceſſion.

A VESPRES,

Avete castæ Virgines :
Queis dum brevem sicarius
Mortem cruentus intulit,
Vitam perennem contulit.

Vos sacra Christo victima,
Agnique sponsæ coelici :
Partis decoræ laureis,
Regnum petistis gloriæ.

Nunc cælitum consortio
Ambæ potitæ quæsumus,
Votis adeste supplicum,
Æterna dona poscite.

Patri supremo gloria,
Patrique summo Filio,

A VESPRES.

Epouses du Sauveur nous vous ren-
dons hommage,
Et detestons le feu du tigre furieux,
Qui versant vôtre sang pour assouvir
sa rage
Vous fit monter aux Cieux.
Vous fustes à Jesus d'agreables victi-
mes,
Puisqu'ayant pour Epoux cet adorable
Agneau,
Il vous environnera sur des Trônes
sublimes
D'un éclat tout nouveau.
Princesses qui regnez maintenant
dans la gloire
Nous osons vous prier humblement tou-
tes deux
De demander pour nous une heureuse
victoire
Qui couronne nos vœux.
Adorons à jamais Sa Majesté su-
préme
Et du Pere & du Fils, abimes de gran-
deur,

Sancto simul Paraclito,
In sempiterna sæcula.   Amen

A Matines.

Opes, parentes, nuptias,
Et illecebras noxias,
Luxum, domumque regiam,
Natale spernitis solum.

Amore Christi sauciæ,
Apostolorum limina,
Montemque cæsi sanguine
Agni rigatum visitis.

Virtutibus, miraculis,
Et sanctitate præditæ,
Ægris salutem, mortuis
Vitam precantes redditis.

Adorons l'Esprit Saint , Dieu , dont
    l'amour extrême   *t*
Veut embraser nos cœurs. Ainſi ſoit-il.

A MATINES

VOs auguſtes Parens , leurs biens
    & leurs richeſſes ,
L'eclat de leurs Palais , la pompe & les
    plaiſirs ,
La Patrie & l'hymen n'ont pù par leurs
    careſſes
        Contenter vos deſirs.
    Brûlant d'un ſaint amour pour l'E-
    poux de vos ames ,
Vous allez invoquer l'Apoſtre à ſon
    tombeau ,
Et prier ſur le mont , où des bourreaux
    infames
        Ont immolé l'Agneau.
    Vos miracles divins , que la grace
    confirme ,
Vos prieres & vos vœux rendent la vie
    aux morts
Et chaſſent la langueur , que le malade
    infirme
        Sentoit dans tout ſon corps.
                G

Patri supremo gloria,
Patrisque summo Filio,
Sancto simul Paraclito,
In sempiterna sæcula.   Amen.

A LAUDES

O Candidatæ Virgines,
O purpuratæ Martyres,
Quot pertulistis impios,
Hostis furentis impetus.

Pompis rejectis sæculi,
Regnoque spreto terreo,
Auctis coronis inclitæ,
Regnatis inter cœlites.

Qui vos triumpho gloriæ,
Jesum beavit, poscite,

Gloire au Pere immortel, gloire au
    Fils son Image
Gloire au divin Esprit, seul auteur
    de la paix,
Qu'on leur rende à tous trois un seul &
   , même hommage
      Qui ne cesse jamais.

A LAUDES

Vierges, dont la candeur fut si belle
     & si rare,
Martyres, que le fer empourpra de leur
    sang,
Quelle fut la fureur de l'assassin bar-
    bare,
    Qui vous perça le flanc ?
En méprisant l'éclat que la fortune
    donne,
Et la vaine grandeur d'un sceptre tem-
    porel
Vous avez sçu ravir la celeste Couronne
Du Royaume éternel.
  C'est Jesus, qui vous fit remporter la
    victoire,
Vierges, priez-le donc par son sang pre-
    tieux

Roſtras preces ut audiat,
Neiſque donet gratiam.

Patri ſupremo gloria,
Patriſque ſummo Filio,
Sanᶜto ſimul Paraclito,
In ſempiterna ſæcula.   Amen

PROSE.

COngaudentes exultemus vocali
concor diâ.
Maûræ, Brigidæque demus feſtiva ſo-
lemnia.
Quæ Scotorum progenitæ regali pro-
ſopiâ.
Exiſtunt Ellâ parente, matre Panti-
lemonâ.
Quarum ortu ſtetit mortalitas, to-
tam premens patriam.
Et eſt effeᶜta tranquillitas, effugans
inopiam.
Juvenes ſunt amplexatæ litterarum
ſtudia.

Qu'il exauce nos vœux, nous conduise
    à la gloire,
    Et nous ouvre les Cieux.
    Gloire au Fils né pour nous d'une
    Vierge féconde,
Gloire au Pere Éternel, gloire à l'Es-
    prit de Paix,
Que leur nom soit beni dans tous les
    lieux du monde,
    Maintenant & à jamais.

PROSE,

Avec joye unissons nos voix
Pour chanter les filles des Roys.
    Celebrons tous Maure & Brigide,
A qui la foy servit de guide.
    L'Ecosse fut le lieu natal
De ces Vierges du Sang Royal.
    Le Monarque Ella fut leur Pere,
Et Pantilemona leur mere.
    Sitôt qu'elles naissent, la peste
Cesse par tout d'être funeste.
    On ne voit plus de pauvreté,
Tout est dans la tranquillité.
    Dés leurs plus tendres ans, l'étude
Leur fit aimer la solitude.

Nec non alienatæ ab omni lasciviâ.

Fœlix socius fuit frater Hispadius
    Virginum per omnia.
Qui verax, pius se habebat, humilis
    castitate præviâ.
Mentibus erat ipsarū pietas eximia, &
    oppressis impédebât multabeneficia.
Ægros ubique curabant variis lan-
    guoribus ; dæmones ejiciebant
    ab obsessis corporibus.
Pater volens has tradere viris in uxo-
    res, hoc pendente privatur vitâ
    Deo disponente.
Quo defuncto, regni jure spreto,
    Christum verè insequentes rece-
    dunt, inde Romam properantes.

Ubi sæpe & in viâ fecerunt mirabilia
    dante Dei gratiâ.
Ursicinum liberarunt à dœmone,
    quem fugarunt ad claustra tartarea.

Jamais l'attrait des vains plaisirs
Ne pût amollir leurs desirs.
      Leur cher frere, le Prince Hispade
Les suit par tout sain & malade.
      Sage il aime la verité ,
Humble il aime la chasteté.
      Par tout ces Vierges charitables
Apportent secours aux miserables.
      Les langoureux deviennent forts,
Et les démons quittent les corps.

      Le Roy leur parle de mariage,
Et la mort devient son partage.

      Aprés sa mort Nôtre Seigneur
Possede entierement leur cœur.
      Laissant le sceptre & la couronne
L'une & l'autre à luy s'abandonne.
      Et vont à Rome avec ardeur,
Au tombeau du premier Pasteur.
      La grace qui rompt les obstacles,
Leur fait faire divers miracles.
      Elles delivrent Ursicin
Des assauts de l'esprit malin.
      Qui le tourmente & qui l'agite,

Dum venerunt Andegavum , Maura
Virgo fuscitavit Aldegondis filium.

Quem piæ devotionis & peregrina-
tionis est lucrata socium.

Balagniacum venerunt dante De
gratiâ.
Gloriosa compleverunt hîc Christo
martyria.
Nos qui sumus in hoc mundo, vitiorũ
in profundo jam passi naufragia.
Ambæ Virgines inclitæ, ad paradisum
trahite vobiscum in gloriâ.
Ipsam nobis mansionem petite à Do-
mino prece piâ.
Qui sanavit læsionem multorum pec-
caminum in Mariâ.
Harum festa celebrantes gaudeant
per sæcula.
Et coronet eos Christus post vitæ
curricula. Amen.

Et ſoudain le mettent en fuite.
    Sans craindre perils ny dangers
Ces Saintes entrent dans Angers.
    La mort prend le fils d'Aldegonde,
Maure par ſa vertu profonde
    Reſſuſcite à l'inſtant ce mort,
Qui depuis l'honore ſi fort.
    Qu'il ſuit ſes pas dans les contrées
Où les vertus ſont rcverées.
    Elles viennent à Balagny
ù leur ſaint voyage finit.
    Elles y ſouffrent le martyre,
Que leur cœur ardemment deſire.
    Ah ! Princeſſes, vous nous laiſſez
Dans les flots qui nous ont briſez.
    Helas ! tirez-nous vers la gloire,
Où vous conduit vôtre victoire.
    Priez, ah ! priez vôtre époux,
De nous placer auprés de vous.
Que ſa Juſtice ſouveraine
Nous traite comme Magdelaine.
    Princeſſes demandez pardon
Pour ceux qui chantent vôtre nom.
    Faites qu'enfin Jeſus leur donne
Aprés leur mort une couronne. Ainſi ſoit il

Antienne
des Saintes Maure & Brigide.

O fœlices Christi sponsæ & Martyres, quas nulla vicit adversitas, qui-
bus nec nocuit carnificum crudelitas:
quæ mortem pro Christi confessione
Virginitatis gloriâ in territorio Bel-
racensi cum sanguinis effusione de-
corastis; & quarum post mortem pro
salute hujus Urbis civium ab omni
morbo & peste & à subitaneâ morte
exaudita est apud Deum oratio ;
quas demùm sentiunt sibi præsentissi-
mas in partu laborantes, adeste nobis
piæ sorores Maura & Brigida, perpe-
tuamque mentis & corporis sanita-
tem impetrate.

℣. Filiæ regum delectaverunt te.
℟. In honore tuo, Domine.

Bienheureuſes Epouſes & Martyres de
Jeſus-Chriſt, qui avés reſiſtés genereu-
ſement à toutes ſortes de traverſes, ſans
que la cruauté même des bourreaux vous
ait pû nuire ; vous avez éu l'honneur de
ſoûfrir la mort & de répandre vôtre ſang
dans le territoire de Beauvais pour la
confeſſion du nom de Jeſus-Chriſt & pour
la gloire de la Virginité : aprés vôtre mort
le Seigneur a eu la bonté d'exaucer les
prieres que vous luy avés faites, de con-
ſerver les Citoyens de cette Ville, & de
les preſerver de la mort ſubite, de la peſte
& de toute autre ſorte de maladies. Les
femmes enceintes reſſentent les favorables effets de vôtre ſecours, lorſqu'elles
ſont en travail d'enfant. Sainte Maure
& Sainte Brigide divines ſœurs, dont la
pieté fut ſi grande, aſſiſtez-nous & nous
obtenez du Ciel une ſanté parfaite du
corps & de l'eſprit & qui dure toûjours.

℣. Les filles des Roys vous ont été
agreables.

℟. Dans l'éclat dont vous les avez
honoré, Seigneur.

Oremus.

DA nobis, quæsumus Domine Deus noster, sanctarum Virginum & Martyrum tuarum Mauræ & Brigidæ palmas incessabili devotione venerari ; ut quas dignâ mente non possumus celebrare , humilibus saltem frequentemus obsequiis. Per Dominum nostrum Jesum Christum filium tuum , qui tecum vivit &c.

Prions.

SEigneur qui estes nôtre Dieu, faites nous, s'il vous plaît, la grace d'honorer les victoires de vos glorieuses Vierges & Martyres Sainte Maure & Sainte Brigide avec une pieté & une dévotion qui ne cesse jamais , afin que si nous n'avons pas un esprit capable de celebrer dignement leur memoire , nous ayons du moins l'honneur de leur rendre souvent nos trés-humbles hommages. Nous vous en prions par Nôtre Seigneur Jesus Christ vôtre fils. Ainsi soit-il.

FIN